hänssler

Billy Graham

Geboren um zu sterben?

Die Deutsche Bibliothek – CIP-Einheitsaufnahme

Graham, Billy:
Geboren um zu sterben? / Billy Graham. – 3. überarbeitete Aufl.–
Neuhausen-Stuttgart : Hänssler, 1992
(TELOS-Taschenbücher ; Nr. 669 : TELOS-Taschenbuch)
ISBN 3-7751-1753-9
NE: GT

dritte, überarbeitete Auflage
TELOS-Taschenbuch Nr. 669
Bestell-Nr. 70.669

Quelle: Beiträge aus der Zeitschrift ENTSCHEIDUNG
Die erste Auflage des vorliegenden Buchs war als TELOS-Sondertaschenbuch S 701 erhältlich
Umschlaggestaltung: Heide Schnorr v. Carolsfeld
Satz: AbSatz Ewert-Mohr
Printed in Germany

Kein Versteck auf der Erde?

Tausche Seele …

Gott rief Adam und fragte: »Wo bist du?« Wir lesen den Bericht darüber im 1. Buch Mose. Gott stellte Adam und Eva das Paradies zur Verfügung und sagte: »Alles gehört euch, damit ihr euch daran erfreut, nur diesen einen Baum rührt nicht an, den Baum der Erkenntnis von Gut und Böse. Eßt nicht davon. Wenn ihr davon eßt, müßt ihr sterben.«

Gott wollte den Menschen prüfen, denn er hatte ihm bei seiner Erschaffung eine Gabe geschenkt, die er den anderen Kreaturen nicht gegeben hatte. Er hatte ihm die Gabe verliehen, wählen zu können.

Obwohl sich der Mensch im Paradies in einer vollkommenen Umgebung befand, existierte dort noch eine andere Macht, die man den Teufel nennt. Woher kommt der Teufel? Die Heilige Schrift gibt darüber nur wenige Hinweise. Wir wissen aber, daß der Teufel in das Paradies gelangte, in den Garten Eden. Er versuchte Eva. Und sie wurde getäuscht. Gott hatte doch gesagt: »Eßt nicht von dieser Frucht.«

Der Mensch war ungehorsam, als er der Versuchung des Teufels gehorchte und sich gegen Gott auflehnte. So begann die Not des Menschen. Gott hatte gesagt: »An dem Tag, an dem du davon ißt, wirst du leiden und sterben.« Alle Probleme der Menschheit, damals und heute, begannen mit dieser Tat.

Adam und Eva hörten die Stimme Gottes: »Adam, Adam, wo bist du?« Gott bat nicht um Auskunft. Er wollte, daß Adam erkannte, wo er war. Das ist die erste Frage im Alten Testament. »Wo ist er?« »Wo ist er?« Wenn Sie jetzt das dritte Kapitel des 1. Buches Mose durchlesen und durch die ganze Bibel verfolgen, werden Sie immer wieder feststellen, daß Gott ständig auf der Suche nach dem Menschen ist. Gott liebt den Menschen. Gott liebt Sie. Gott sucht Sie. Und wo sind Sie? Wo stehen Sie? Wie ist Ihre persönliche Haltung, Ihre moralische Haltung? Adam, wo bist du?

Die Bibel redet von Gottes Verheißungen für den Menschen, von seiner Liebe, seinem Plan für ihre Erlösung, von dem Heilwerden ihrer Seele und der Vergebung ihrer Sünden. Dadurch können sie Sinn und Ziel in ihrem Leben finden. Das ist der Gott, der sich nach dem Menschen sehnt, ihn sucht und fragt: »Adam, wo bist du?« Das dritte Kapitel des 1. Buches Mose zeichnet unser eigenes Bild. Gottes Fragen sind immer suchend. »Würde es dem Menschen nützen, wenn er die ganze Welt gewönne und hätte doch eine todkranke Seele?« (nach Matthäus 16,26).

»Adam, wo bist du?« Gottes große Frage. Adam fürchtete sich vor der Antwort und versuchte, sich zu verstecken.

Flucht vor der Realität

Jeder Mensch, damals und heute, will genau dasselbe wie Adam, vor Gott wegrennen und sich verstecken. Darum wird die Bibel angegriffen. Sie legt die Sünde frei und zeigt Gott. Darum lesen die Menschen die Bibel nicht gern, weil sie uns Gott näher bringt als irgendein anderes Buch. Wir sehen uns selbst als Sünder und fühlen uns deshalb in der Gegenwart Gottes unwohl. Wir laufen weg und verstecken uns. Wir versuchen zu fliehen. Wir wollen unseren eigenen Problemen entkommen, unseren inneren Belastungen.

Einige Leute fliehen, indem sie die meiste Zeit vor dem Fernseher sitzen. Die Statistik sagt, daß der Amerikaner im Durchschnitt sechs bis sieben Stunden am Tag fernsieht. – Andere Leute versuchen zu fliehen, indem sie Drogen nehmen. Und dann sind alt und jung beinahe endlos mit dem Sex beschäftigt.

Jeder Psychiater weiß, daß sich ein Teil unserer Weltflucht im Bereich des Sex abspielt. Wenn man Sex vergöttlicht, genauso wie man Essen, Trinken, Sport und Wissenschaft vergöttern kann, rückt man ihn aus der richtigen Perspektive und gibt ihm die Rolle, die er niemals spielen sollte. Andere Leute fliehen, weil sie sich nicht mit der Tatsache abfinden können, daß sie eines Tages sterben müssen. Manche Menschen versuchen, von allem wegzukommen, indem sie zu den entferntesten Orten reisen und sich sogar von östlicher Meditation Hilfe versprechen.

Ein Inder erklärte vor der Presse in Indien: »Fünftausend Jahre Meditation haben nie einen Acker gepflügt oder ein neues Haus gebaut.« Man kann nicht fliehen.

Die Heilige Schrift sagt: »Du steigst auf einen Berg, und Gott ist da.« Sie verstecken sich, indem Sie in ferne Länder fahren, aber Gott ist da. Ihr Gewissen ist da. Es gibt kein Entkommen vor dem Geist des lebendigen Gottes, der zu Ihnen spricht, Sie überzeugt, der auf das Lamm, Jesus Christus, deutet und Sie zu dem hinzieht, der die Sünde der Welt weggenommen hat. Und wenn Sie zu fliehen versuchen, vor wem fliehen Sie denn? Sie versuchen vor der Geschichte wegzurennen, wenn Sie vor Christus weglaufen. Die Geschichte Jesu ist keine bloße Erzählung. Das Christentum vermittelt die gute Botschaft einer historischen Person. Jesus Christus war eine Person! Aber er ist auch der Sohn Gottes. Er lebt! Er starb nicht bloß. Er ist auferstanden. Viele Leute sagen, die Wissenschaft stünde in Konflikt mit der Heiligen Schrift. Glauben Sie das bloß nicht. Ich erinnere mich, daß ich vor dem II. Weltkrieg Bertrand Russell gelesen habe. Er sagte, die Wissenschaft könne unseren Enkeln ermöglichen, ein gutes Leben ohne Krieg zu führen, indem sie ihnen Wissen und Selbstkontrolle vermittle. Das klingt heute lächerlich. Wirkliche Wissenschaft steht nicht in Konflikt mit der Bibel.

Heute sind die meisten Fragen »Hungerfragen«. Wir wollen wissen, wie wir Gott erfahren können. Wir wollen Wirklichkeit in unserem Leben. Der Mensch kann nicht die Leidenschaften der menschlichen Natur kontrollieren. Das beweisen die Kriege dieses Jahrhunderts. Zur Zeit gibt der Staat mehr Geld für Rüstung aus, als je zuvor in der Weltgeschichte für Waffen ausgegeben worden ist. Fast 600 Milliarden DM jährlich bezahlen die Länder der Erde, um sich für etwas zu bewaffnen, das sie Frieden nennen. Wissenschaftler unserer Zeit sagen dazu etwa: »Ja, die moderne Technik könnte das Paradies bringen, gäbe es nicht die menschliche Natur mit ihrer Lüsternheit, Habgier und ihren Vorurteilen.« Wenn Sie vor Christus weglaufen, fliehen Sie vor der Realität. Sünde ist eine Tatsache. Gott ist eine Tatsache. Einige Leute sind davon überzeugt, Christsein sei langweilig. Glauben Sie das nur nicht. Nur das Christsein ist langweilig, das man mit halbem Herzen lebt.

Gegen den Strom

Es waren kraftvolle und energische Männer aus Galiläa, die den Mut hatten, Jesus zu folgen! Und für ihn zu sterben. Er rief ganz normale Menschen in seine Nachfolge, Männer wie Sie, Frauen wie Sie. Und er formte sie um. Er kann auch Sie umgestalten, wenn Sie es zulassen. Christsein wird durch den Glauben von Menschen getragen, die bereit sind, gegen den Strom zu schwimmen. Sind Sie bereit, gegen den Strom zu schwimmen und für Gott zu leben, obwohl jeder in Ihrer Nachbarschaft oder Schule anders lebt?

Wir wollen wegrennen vor dem Durcheinander, in dem Welt und Gesellschaft sich befinden, dem Durcheinander in unserem eigenen Leben. Wir wollen davonlaufen vor einem Problem in unserer Firma. Wir wollen davonlaufen vor einer langweilig gewordenen Ehe. Wir wollen wegrennen vor unserer Einsamkeit. Wir wollen loskommen – irgendwie. Aber da gibt es kein Versteck, und Gott ruft die ganze Zeit nach Ihnen: »Adam, wo bist du?«

Vielleicht kennen Sie diese Geschichte eines berühmten italienischen Jongleurs? Er hatte sich entschlossen, nach Italien zurückzukehren und dort seinen Lebensabend zu verbringen. Sein gesamtes Geld aber hatte er in einem großen Diamanten angelegt und an einem sicheren Platz in seiner Kajüte versteckt. Eines Tages stand er draußen auf dem Schiff und jonglierte mit einigen Orangen oder Äpfeln. Eine große Menschenmenge versammelte sich. Sie riefen: »So etwas haben wir noch nie gesehen!« Der Applaus und die Zurufe begannen, ihm zu Kopf zu steigen, und er sagte: »Einen Augenblick. Was ihr bisher gesehen habt, war noch gar nichts.« Er holte seinen Diamanten aus der Kajüte und erklärte: »In diesem Diamanten stecken die Ersparnisse meines Lebens. Ich werde nach Italien zurückgehen und dort meine letzten Jahre verbringen. Jetzt zeige ich euch, wie sicher ich in meiner Kunst bin. Ich werde den Diamanten in die Luft werfen.« Einige Leute erschraken und riefen: »Tu's nicht. Das sind die Ersparnisse deines ganzen Lebens!« Aber er warf den Diamanten in die Luft und fing ihn wieder auf. Alles klatschte Beifall. Darauf sagte er: »Schaut her«, und warf den Diamanten noch einmal hoch in die Luft. Er fiel herab, und der Jongleur fing ihn auf. Aufgeregt bot er nun an: »Dieses Mal werde ich ihn so hoch in die Luft werfen, bis ich ihn aus den Augen verliere.« Man flehte ihn an, es nicht zu tun. Doch er warf ihn wieder empor. Wie zuvor glitzerte er in der Sonne und fiel herab. Der Jongleur griff nach ihm mit der alten Sicherheit, als plötzlich das Schiff schlingerte. Bevor er den Diamanten auffangen konnte, fiel er ins Meer.

Ein neues Herz

Die Bibel warnt uns: »Jetzt ist Zeit. Heute ist der Tag, der Heilung schenkt« (nach 2. Korinther 6,2). Verschieben Sie Ihre Entscheidungen nicht auf nächste Woche. Vielleicht werden Sie nie wieder so deutlich erkennen, daß Sie Ihr Leben Jesus überantworten möchten.

Und noch etwas: Bekennen Sie Ihre Entscheidung öffentlich. Jeden, den Jesus im Neuen Testament zu sich rief, rief er öffentlich zu sich.

Nikodemus war der einzige Mensch, der privat zu Jesus kam. Alle anderen Menschen, von denen im Neuen Testament erzählt wird, bekannten sich öffentlich zu ihm, vor allen Leuten.

Eigentlich ist das eine ganz einfache Sache. Als ich heiratete, gab ich mein Jawort, vor dem Pfarrer und vor der Gemeinde. In aller Öffentlichkeit!

»Adam, wo bist du?«

Wie antworten Sie?

Auf der Suche nach Leben

Ohne Anfang und Ende

Moses zog seine Sandalen aus vor dem brennenden Busch. Der Boden, auf dem er stand, war heilig, denn Gott redete dort zu ihm: »Sag ihnen, ich bin, der ich bin.«

Was heißt das »Ich bin«? Es bedeutet: »Ich lebe – damals, heute und in Ewigkeit. Für mich gibt es keinen Anfang und kein Ende.« Das geht über unser Verstehen. Wir sind nicht in der Lage, diese Tatsache zu erklären. Der Mensch kann Gott nicht mit dem Intellekt begreifen. Es erscheint einfacher, zu sagen: »Ich werde kein Ende haben«, als die Tatsache zu akzeptieren, daß es nie einen Anfang gab. Aber Gott sagt mit diesem »Ich bin«, daß nur er der Eine ist, von Ewigkeit zu Ewigkeit, der den Menschen erschaffen hat und ihm einen Sinn gibt.

Jesus sagt in Johannes 8,58: »Ehe Abraham wurde, bin ich!« Bevor Christus auf diese Erde kam, war er Moses am brennenden Busch begegnet: »Ich bin, der ich bin.« oder: »Ich werde sein, der ich sein werde« (2. Mose 3,14).

Brot des Lebens

In Johannes 6,48 sagt Jesus: »Ich bin das Brot des Lebens.« Er hatte 5 000 Menschen mit fünf Broten und zwei Fischen satt gemacht. Begeistert über das Wunder, das sie erlebt hatten, baten die Menschen: »Herr, gib uns noch ein Zeichen. Noch niemals sind wir jemandem wie dir begegnet. Du weißt, daß Moses die Menschen in der Wüste vierzig Tage lang mit Manna vom Himmel versorgt hat. Kannst du ein Wunder tun, das noch größer ist als das?» Daraufhin antwortete Jesus nur: »Ich bin das Brot des Lebens.« »Ich bin das Brot, nach dem ihr sucht.«

Die Menschenmenge suchte Leben. Und Jesus war da, um ihnen Leben anzubieten, aber sie verstanden etwas anderes darunter als er. In jener Zeit herrschte große Armut unter den Menschen. Eine Kruste Brot bedeutete viel. Überall gab es Bettler, die ihre Hände ausstreckten nach Brot. Jesus hatte Mitleid mit ihnen und gab den Hungernden zu essen. Aber er wußte, daß nur das Brot des Lebens den Menschen Frieden und Freude schenken würde, denn danach suchten sie eigentlich.

»Brot« stellt in der Bibel ein Symbol für geistliches Leben dar. Der Mensch hat einen angeborenen Hunger nach Gott. Dieser Hunger kann nur durch Gott selbst gestillt werden. Darum schrieb der Prophet Jesaja: »Warum gebt ihr euer Geld aus für Brot, das nichts taugt, und euren sauer verdienten Lohn für Nahrung, die nicht satt macht?« (Jesaja 55,2).

Nur Gott selbst kann uns mit dem Brot versorgen, das unsere Seele und unseren Geist satt macht. Besitzen Sie dieses Brot? Er sagte: »Arbeitet nicht für das Brot, das vergeht. Arbeitet für Brot, das nicht umkommt, das immer erhalten bleibt, arbeitet für das Brot des Lebens.«

Sie können ganz einfach – wie ein Kind – zu Jesus kommen und um das Brot des Lebens bitten. Er wird es Ihnen geben, Sie von Ihrer Schuld befreien und Ihnen ewiges Leben schenken. Dann werden Sie bei ihm bleiben bis in Ewigkeit. Ich weiß, daß das einigen dumm und lächerlich vorkommt. Aber die Bibel sagt, daß nur Jesus das Brot des Lebens ist. Und wer sich zu ihm bekennt, wird in Ewigkeit leben. Adam und Eva aßen die Frucht im Paradiesgarten. Daraufhin wurde ihnen der Tod angekündigt. Sie waren nicht gehorsam gewesen. Sie hatten gesündigt. Jesus, der ohne Sünde war, starb für uns, damit wir von der Sünde erlöst werden. Kennen Sie diesen Jesus? Haben Sie jemals etwas von diesem Brot des Lebens gekostet?

Licht der Welt

Und noch einmal gebrauchte Jesus die Worte »Ich bin«, als er sagte: »Ich bin das Licht der Welt« (Johannes 8,12).

Man hatte eine Frau zu ihm gebracht, die gerade Ehebruch begangen hatte. Die Pharisäer fragten ihn: »Sollen wir sie steinigen? Das Gesetz Mose befiehlt es uns. Was sagst du dazu?« Jesus schrieb einige Worte in den Sand und antwortete: »Der, der unter euch ohne Sünde ist, werfe den ersten Stein auf sie.« Sie gingen fort, denn niemand konnte das tun (Johannes 8,3-11).

Wie viele von uns haben schon Steine auf andere geworfen, obwohl wir wissen, daß wir selbst schuldig sind! Hören Sie einmal zu, wenn Menschen darüber reden, was moralisch und was unmoralisch ist. Und dann sagen Sie mir, was Sie selbst unter Moral verstehen. Welche Maßstäbe legen Sie an? Woher wissen Sie eigentlich, was unmoralisch ist?

Die zehn Gebote, die Gott den Menschen gegeben hat, bilden die Grundlage für das, was Moral bedeutet. Die Bibel sagt, wenn wir nur eins dieser Gesetze brechen, sind wir im Grunde an allen schuldig geworden. Das heißt, daß jeder von uns – Sie und ich – mit dem, was er getan hat, alle Gesetze gebrochen hat. Wir alle sind schuldig. Trotzdem verbringen viele von uns ihre Zeit damit, Steine auf andere zu werfen!

An jenem Abend sagte Jesus zu seinen Jüngern und einigen Freunden, die bei ihm waren: »Ich bin das Licht der Welt. Wer mir nachfolgt, der wird nicht wandeln in der Finsternis, sondern wird das Licht des Lebens haben« (Johannes 8,12).

Die Welt stolpert in der zunehmenden Dunkelheit von einer Krise in die nächste. Und die Krisen nehmen zu. Inflation, Bevölkerungsexplosion und Hunger beherrschen weite Gebiete der Welt. Es sieht so aus, als rückte der Zeitpunkt immer näher, von dem die Bibel schreibt, an dem Jesus Christus wiederkommen wird. In dieser Zeit der Angst trösten nur seine Worte, die über allem stehen: »Ich bin das Licht der Welt.«

Harry Lauder, ein schottischer Sänger, erzählte einmal aus seiner Kindheit: »Ich konnte genau sagen, wo der Laternenanzünder schon gewesen war, denn er ließ eine Lichterkette hinter sich zurück.«

Dasselbe gilt für Jesus. Ich sehe die Lichter von Tausenden von Krankenhäusern, Schulen, Missionsstationen, Zufluchtsstätten aller Art und Kirchen, überall in der Welt. Wo immer Jesus entlanggeht, wird es hell. Er sagte: »Ich bin das Licht der Welt. Folgt mir, gebt mir euer Leben. Ich will euch herausführen aus der Dunkelheit dieser Welt, aus den Problemen und der Angst, in der ihr lebt. Ich will euch Frieden und Freude geben. Ein Licht wird in eurem Herzen brennen und eure Gedanken hell machen. Es soll immer größer werden.«

Leuchtet dieses Licht Christi schon in Ihrem Leben? Wenn jeder von uns an Jesus glauben würde, würden wir sein Licht widerspiegeln. Wir wären eine Kette von Lichtern in der Welt. Und dieses Licht würde die ganze Welt verändern.

Eine Tür für mich

Und dann sagte Jesus: »Ich bin die Tür« (Johannes 10,9). Jedes Haus und jedes Gebäude hat einen Eingang. Das Reich Gottes hat auch einen Eingang, aber nur einen einzigen. Jesus sagte: »Ich bin die Tür.« Jesus verstand etwas von Türen, denn er war Zimmermann. Die Zimmerleute hatten in der Zeit der Gilden, wie sie in Europa genannt wurden, als Motto die Worte Jesu gewählt: »Ich bin die Tür.« Sie fertigten alle Türen so an, daß die schmalen, oberen Füllungen mit den größeren Füllungen unten ein Kreuz bildeten. Noch heute bauen viele Zimmerleute ihre Türen nach dieser Tradition. Jesus sagte: »Ich bin die Tür zum Reich Gottes.« Es gibt heute viele Türen, durch die Menschen gehen, aber sie führen nicht zum Reich Gottes. In den Sprüchen (14,12) heißt es: »Manchem scheint ein Weg recht; aber zuletzt bringt er ihn zum Tode.«

Einige versuchen es mit der Tür der guten Werke. Sie sagen: »Ich werde in den Himmel kommen, wenn ich nur genug Gutes tue, denn Gott will alle meine guten Taten belohnen.« Es ist schon eine großartige Sache, Gutes zu tun, aber wir können nicht »genug« Gutes tun, um Gott zufriedenzustellen. Wir können das nie erarbeiten. Gott verlangt Vollkommenheit, und wir sind nicht vollkommen. Wenn wir aber in das himmlische Reich kommen wollen, müssen wir vollkommen sein.

Sie fragen mit Recht: »Wie soll ich das jemals schaffen?« Es gibt nur eine Tür zu diesem Reich, und die ist Jesus. Wir werden nie dahin kommen, wenn wir uns nicht durch das Geschenk seiner Vergebung dahin führen lassen.

Andere probieren es mit der Tür der Religionen. Ein allgemeines Wachwerden in den Religionen überschwemmt die Welt mit neuen Kulten. Astrologie und Wahrsagerei haben das Interesse von Tausenden geweckt.

Als die Besatzung von Apollo 15 wieder in die Erdatmosphäre eintauchte, nach einer Reise von 295 Stunden und 475 000 Meilen, mußte sich das Raumschiff der Erde durch einen Korridor nähern, der nur 4 Meilen breit war. Wenn Sie Ihre Reise zum Reich Gottes antreten, können Sie sich dem Reich durch nur eine Tür nähern. Diese Tür ist Jesus, der sagte: »Ich bin, der ich bin.«

Wenn Sie Christus kennenlernen, verändert er Ihr Leben. Sie sind nicht mehr allein, sondern haben mit ihm Gemeinschaft. Er richtet Sie auf und vergibt Ihnen alle Schuld, die Sie getan haben. Sie können ewiges Leben empfangen, wenn Sie Ihr Vertrauen auf ihn setzen, der sagt: »Ich bin das Brot ... Ich bin das Licht ... Ich bin die Tür.«

Haben Sie dieses Brot gegessen? Hat dieses Licht Sie angezündet? Sind Sie durch diese Tür gekommen? Wenn nicht, dann sind Sie nicht in Gottes Reich!

Doch wenn Sie Ihre Schuld bereuen und Jesus Christus im Glauben als Herrn und Heiland annehmen wollen, beten Sie:

»Herr Jesus, ich möchte dein Brot empfangen. Ich nehme dich als das Licht an. Ich gehe durch deine Tür. Ich nehme dich als meinen Herrn und Heiland an. Nicht länger setze ich auf meine guten Taten oder meine Gefühle oder auf irgend etwas sonst. Ich vertraue nur dir allein!«

Wer bist du, Herr?

Hoch über Rio de Janeiro, auf dem Gipfel des Corcovado steht eine gigantische Christus-Statue. Sieben Jahre dauerte der Bau. Sie wurde aus den Spenden vieler Christen finanziert und 1931 enthüllt.

Jeder in Rio hat von Jesus gehört. Aber man kann diese Statue ein Leben lang vor Augen haben, eine Kette mit einem Kreuz um den Hals tragen und trotzdem den wirklichen Jesus nicht kennen.

Heute fragen Millionen junger Leute: »Wer ist dieser Jesus?« Sie sind neugierig und wißbegierig. Warum beeinflußte er mehr als jede andere Persönlichkeit die Geschichte? Wer ist der, der erwartet, daß wir ein persönliches Verhältnis zu ihm finden? Der uns aufruft, mit ihm zu gehen und ihm alles zu geben, was wir haben?

Er lebte nur 33 Jahre. Die längste Reise, die er je unternahm, war kürzer als 130 km. Einige behaupteten, er sei ganz einfach verrückt. Andere sagten, er sei revolutionär. Wieder andere meinten, er sei besessen. Manche bezeichneten ihn als Fresser und Weinsäufer. Und dann gab es welche, die sagten, er sei der Sohn des lebendigen Gottes.

Was wissen wir über Jesus? Der Evangelist Markus bringt die frühesten Berichte über sein Leben. Im ersten Vers des Evangeliums sagt Markus, er glaube, Jesus sei Gottes Sohn, und doch berichtet er auch, daß Jesus ein Mensch war, ein Mensch wie wir, und bezeichnet ihn als des Menschen Sohn. Wir wissen, daß Jesus hungrig, durstig und müde war. Er wurde mißverstanden, verachtet, verfolgt, aber ihm begegnete auch Freundschaft. Er erlebte alle Gefühle, die wir kennen. Er weinte am Grab eines geliebten Menschen. Er kämpfte gegen Anfechtungen und erlebte Enttäuschungen. Er war ein Mensch wie Sie und ich.

Er war Gott-Mensch

Und Jesus hatte Mitleid, Mitgefühl mit den Menschen. Er machte Blinde sehend und Taube hörend. Er speiste die Hungernden, berührte die Leprakranken und fühlte mit den Leidenden. Er war der bedeutendste Mensch, der je gelebt hat, und doch war er mehr als ein Mensch. Er behauptete, der einzige Sohn des lebendigen Gottes zu sein. Er behauptete, gelebt zu haben, bevor die Zeit begann: » Ehe Abraham wurde, bin ich!« (Johannes 8,58).

Mit diesen Worten stellte er sich über alle Menschen, die jemals gelebt haben. Er war Gott-Mensch. Er wurde von einer Jungfrau geboren. Unter allen Frauen wurde Maria gesegnet, denn sie gebar Jesus. Sie wußte, daß er der Sohn des lebendigen Gottes war. »Das Wort ward

Fleisch und wohnte unter uns« (Johannes 1,14). Jesus beging nie eine Sünde. Er fragte die, die ihn am besten kannten: »Habt ihr mich je eine Sünde begehen sehen?« Keiner klagte ihn an. Nach den Worten der Bibel sind wir alle Sünder und darum getrennt von Gott. Seit Adam und Evas Ungehorsam gegen Gott haben immer wieder Menschen gegen ihn rebelliert. Nur ein Mensch tat das nicht, Jesus.

Die Bibel sagt, daß er große Vollmacht hatte. »Keiner sprach wie er.« Seinem Wort gehorchte auch die Natur. Als einmal ein Sturm über dem See Genezareth heraufzog, befand er sich in einem Boot, das kurz davor war, zu kentern. Er stand auf und sagte: »Schweig!« Der Blitz erlosch, der Wind erstarb, und Stille legte sich über das Wasser (vgl. Markus 4,35-41).

Er wurde geboren, um zu sterben

Jesus besaß Macht über Krankheiten, über den Teufel und Dämonen. Er besaß Macht über alles, was er berührte. Aber es gibt noch etwas, was Jesus einzigartig macht: Er starb keinen gewöhnlichen Tod. Er starb aus freien Stücken, weil er der Vorsehung des allmächtigen Gottes gehorchte. Er war der einzige Mensch, der nur deshalb geboren wurde, um für uns zu sterben. Als er am Kreuz starb, nahm Gott Ihre Sünden und meine und legte sie auf ihn.

Wenn Sie auf das Kreuz schauen, machen Sie sich klar, daß dieses Kreuz redet: Gott hat uns Menschen lieb. Er will nicht, daß jemand verlorengeht, sondern daß alle zur Umkehr getrieben werden. Hier hing der Sohn des allmächtigen Gottes; er hätte nur eine Handbewegung zu machen brauchen und die Menschheit vernichten können, aber er liebte uns so sehr, daß er bereit war, zu leiden und zu sterben – für uns! Er nahm unseren Platz ein, er trat an unsere Stelle, er ging für uns ins Gericht und in den Schoß der Erde. Das alles nahm er für uns auf sich. Und nun bittet er uns, ihm zu folgen und zu dienen.

Aber er blieb nicht am Kreuz. Wir betonen das Kreuz manchmal so sehr, daß wir vergessen, daß er nicht dort blieb. Er wurde begraben, aber nach drei Tagen ist er auferstanden, und er lebt, auch heute! Er ist bereit, in Ihr Leben zu kommen, in Ihre Wohnung, an Ihren Arbeitsplatz, in Ihre persönliche Situation.

Er kann Ihr Leben ändern

Eine Frau, die in Hollywood lebt, besuchte kürzlich meine Frau und mich. »Vor acht Jahren«, sagte sie, »wollte ich Selbstmord begehen. Ich nahm aber noch einmal die Bibel in die Hand, schlug das Johannes-Evangelium auf und fing an zu lesen. Und mein Leben wurde verändert. Heute bin ich die glücklichste Frau in Hollywood.« Christus schenkt Frauen und Männern neue Kraft, genauso wie vor 2 000 Jahren. Und er kann sie auch Ihnen schenken. Er kann Ihr Leben heute verändern.

Der Apostel Paulus fragte einmal: »Wer bist du, Herr?« Das ist die Frage, die jeder von uns beantworten muß. Wenn Jesus behauptet hätte, der Sohn Gottes zu sein, obwohl er wußte, daß er es nicht war, dann wäre er ein Betrüger gewesen, der größte Lügner, den die

Welt je erlebt hat. Aber wenn das wahr ist, was er zu sein behauptete, dann ist er der rechtmäßige Herr unseres Lebens.

Heute sucht die ganze Welt nach einer Führungspersönlichkeit. Ein Professor einer amerikanischen Universität schätzt, es gäbe zur Zeit, etwa 2 000 »Messiasse« in den Staaten, mit eigenen Gefolgsleuten und Anhängern. Die Menschen suchen jemanden, der mit Vollmacht redet, an den sie glauben können, nach dem sie sich ausrichten können.

Gott hat uns in Jesus den Einzigen geschenkt, der alle diese Voraussetzungen erfüllt. Er hat die Gegenwart und die Zukunft in seine Hände gelegt. Schon damals wurde er verachtet und von vielen Menschen abgelehnt. Heute lehnt ihn die Mehrheit der Menschheit immer noch ab. Aber die Bibel sagt, daß er eines Tages alle Herrschaft, Autorität und Macht überstrahlen wird. Einmal wird sich jedes Knie vor ihm beugen, und alle Lippen werden bekennen, daß Jesus Christus Herr ist.

Er steht vor der Tür

Was hält uns davon ab, diesen Christus als den Sohn Gottes anzuerkennen, wenn er der ist, als den ihn die Bibel uns vorstellt?

Wir können dieser Frage nicht ausweichen. Wir müssen mit »ja« oder »nein« antworten. Wir können Jesus verhöhnen, ihn ablehnen, ihn einfach übersehen – oder wir können ihn annehmen. Schon 740 Jahre vor seiner Geburt kündigte ihn der Prophet Jesaja an: »Er heißt Wunder-Rat, Gott-Held, Ewig-Vater, Friede-

Fürst, auf daß seine Herrschaft groß werde und des Friedens kein Ende ...« (Jesaja 9,5).

Ich wurde auf einer Farm im Süden der USA geboren und erzogen. Als ich 16 Jahre alt war, hörte ich die Botschaft des Evangeliums. Gottes Geist sprach zu meinem Herzen. Und als der Prediger die Zuhörer bat, nach vorn zu kommen und in aller Öffentlichkeit zu bezeugen, daß sie ihr Leben Jesus übergeben wollten, war ich auch dabei. Von diesem Tag an veränderte sich mein Leben. Jesus sagt: »Ich stehe vor der Tür und klopfe an. Wenn jemand meine Stimme hören wird und die Tür auftun, zu dem werde ich hineingehen und das Abendmahl mit ihm halten und er mit mir« (Offenbarung 3,20). Ich frage Sie jetzt, ob Sie das tun wollen. Jesus klopft an Ihre Tür. Er möchte hereinkommen, aber er wird die Tür nicht selbst öffnen. Sie müssen ihn einladen.

Das Grab ist leer

Er lebt

Kürzlich fragte mich im Flugzeug ein Mann, ob ich wirklich an die Auferstehung glaube. Ich antwortete, wenn ich nicht glauben würde, daß Jesus leiblich aus dem Grab auferstanden ist, würde ich aufhören zu predigen. Mitten in der Verzweiflung der Welt gibt es eine wunderbare Hoffnung, die heute viele Menschen erfüllt: Sie sagt, daß Jesus Christus lebt. Das Christentum verkündigt die Botschaft der Auferstehung. Sie bildet die Grundlage für alle christlichen Glaubensaussagen. Der Tod Jesu, von Menschenhänden vollzogen, sollte das Ende seines Lebens sein, aber das leere Grab wurde zur offenen Tür für einen überwältigenden Sieg. Ich bin ohne jeden Zweifel davon überzeugt, daß Jesus Christus nicht nur von den Toten auferstanden ist, sondern auch jetzt lebt, bei seinem Vater.

Der Evangelist Lukas, Arzt, Historiker und einer der bedeutendsten Männer seiner Zeit, beschreibt Jesus so: »... Ihnen zeigte er sich nach seinem Leiden durch viele Beweise als der Lebendige und ließ sich sehen unter ihnen vierzig Tage lang und redete mit ihnen vom Reich Gottes« (Apostelgeschichte 1,3).

Als ich über die Bedeutung dieser Worte nachdachte, wurde mir klar, daß es eine Menge von überzeugenden Aussagen und Anhaltspunkten gibt, die die Auferstehung Christi glaubwürdig bezeugen, genug Beweismaterial für jeden Gerichtshof.

Vor ein paar Wochen, so hörte ich, hätte sich der Absolvent eines berühmten theologischen Seminars zur Ordination vorgestellt. Als man ihn nach der Auferstehung Jesu fragte, habe er geantwortet: »Daran glaube ich nicht!« Wie soll dieser junge Mann das Evangelium predigen können? Ohne Auferstehung gibt es doch kein Evangelium, keine Frohe Botschaft, keine Hoffnung für eine verwirrte, stolpernde und blinde Menschheit!

Wir haben ihn gesehen

Zu den untrüglichen Beweisen der Auferstehung gehören die Prophezeiungen des Alten Testaments, die Jahrhunderte vor Christus geschrieben wurden. Sie sagten voraus, daß einer kommen und aus dem Grabe auferstehen werde. Wenn so ein Ereignis Jahrhunderte vorausgesagt wird, kann das kein bloßer Zufall sein.

Hiob sagt über Christi Kommen: »Ich weiß, daß mein Erlöser lebt…« (Hiob 19,25). Jesaja äußert 800 Jahre vor Christus (25,8): »… er wird den Tod verschlingen auf ewig.«

David sagt unter dem Einfluß des Heiligen Geistes: »Mein Leib wird sicher liegen. Denn du wirst mich nicht dem Tode überlassen und nicht zugeben, daß dein

Heiliger die Grube sehe« (Psalm 16,9 u. 10). In Jesus sind diese Verheißungen erfüllt.

Er lehrte in aller Öffentlichkeit, daß er sterben und dann auferstehen werde. Nicht ein einziges Mal wich er von dieser Voraussage ab. Er sagte, er würde drei Tage und Nächte im Schoß der Erde sein, und das geschah. Er versprach, daß alle, die an ihn glauben, ewiges Leben haben würden, und diese Verheißung gilt. Seine eigenen Worte enthalten einige der verläßlichsten und überzeugendsten Bestätigungen seiner Auferstehung.

Außerdem besitzen wir die Augenzeugenberichte von denen, die seine Auferstehung erlebt haben. Über 500 Menschen sahen ihn und bezeugten: »Er ist auferstanden.«

Der Engel, der in weißen Kleidern neben dem Grab stand, sagte: »Was sucht ihr den Lebenden bei den Toten? Er ist nicht hier, er ist auferstanden« (Lukas 24,5 u. 6). Maria Magdalena rannte zu den Jüngern mit der frohmachenden Nachricht: »Wir haben den Herrn gesehen!«

Thomas, aufgefordert, seine Hand in die Nägelmale Jesu zu legen, sagte mit zitternder Stimme: »Mein Herr und mein Gott!« (Johannes 20,28).

William Lyon Phelps, viele Jahre lang Professor für Englische Literatur an der Yale Universität, erklärte: »Die historischen Belege für die Auferstehung Christi sind glaubwürdiger als die Berichte über die Wunder, die er getan hat.« Ein bekannter amerikanischer Jurist, Simon Greenleaf, schrieb: »Es ist unmöglich, daß die Jünger unermüdlich die Wahrheit der Auferstehung versicherten, wenn Jesus nicht wirklich auferstanden wäre.«

Er ist bei mir

Und dann ist da das leere Grab. Viele Grabsteine tragen die Inschrift: »Hier liegt …«, aber über dem Grab Jesu steht der Satz: »Er ist nicht hier.« In Josephs Garten befindet sich das einzige leere Grab der Weltgeschichte. Viele geliebte Menschen lebten und leben noch in der Erinnerung derer, die sie kannten, aber es gibt nur einen Menschen, der den Tod besiegte. Er lebt ewig. Das Christentum bietet keinen Schrein an, den man besichtigen könnte. Es hat keine verstaubten Überreste, die man verehren, keine Gräber, an denen man anbeten könnte. Das unterscheidet es von allen anderen Religionen der Welt. Es überliefert uns nicht nur die Wahrheit der Erlösung durch den Tod unseres Heilands für unsere Sünden am Kreuz, sondern auch die Tatsache, daß Christus wieder auferstand. Zu Ostern werden wieder Millionen die wunderbare Nachricht weitergeben: »Der Herr ist auferstanden! Er lebt!«

Diese Erfahrung habe ich selbst immer wieder in meinem Leben gemacht und erlebe sie täglich neu: Jesus lebt in meinem Herzen. Ich sprach heute morgen mit ihm, als ich aufstand. Er ging mit mir durch die Stunden des Tages. Und wenn ich predige, spüre ich, daß er auch am Mikrophon bei mir ist.

Er lebt auch im Herzen des kleinen Kindes, das betet:

»Müde bin ich, geh zur Ruh', schließe beide Augen zu. Vater, laß die Augen dein über meinem Bette sein. Hab' ich Unrecht heut' getan, sieh es, lieber Gott, nicht an …«

Er verändert

Er lebt in den Herzen der Missionare, die ihm in den entlegensten Gebieten der Welt dienen. Er lebt in den Herzen der vielen leidenden und hungernden Menschen, die beten und voller Hoffnung darauf warten, daß es einmal heller um sie wird. Er lebt in den Herzen derer, die darum flehen, daß die Zeit der Anfechtung einmal vorüber sein wird.

Christus bezeugt jede Tat uneigennütziger christlicher Liebe und Dienstbereitschaft. Er lebt in dem Dienst des Arztes, der Krankenschwester, in den Hilfsaktionen der Barmherzigkeit und in der selbstlosen Haltung derer, die versuchen, menschliches Leid zu lindern. Er lebt in seiner Kirche, weil er die Kirche liebt. Er lebt in dem veränderten Leben eines jeden, der ihn kennengelernt hat »in der Kraft seiner Auferstehung« (vgl. Philipper 3,10). Er nimmt sich der verzweifelten und unglücklichen Menschen an. Er steht am offenen Grab und versichert denen, die trauern: »Ich bin die Auferstehung und das Leben!« (Johannes 11,25).

Schlüssel zum Leben

Und wie sieht es mit Ihrer Zeugenaussage aus? Himmel und Erde verkündigen: »Jesus lebt!« Der Tag, an dem Sie das persönlich erfahren, wird der Beginn eines neuen Lebens für Sie sein. Was müssen Sie tun? Bestimmen Sie Jesus zum Herrn Ihres Lebens. Sehen Sie in ihm nicht nur den guten Menschen, der einmal gelebt hat, sondern den auferstandenen Herrn, der heute lebt.

Rollen Sie den Stein des Unglaubens weg und betrachten Sie die Herrlichkeit des leeren Grabes. Dann werden Sie ihn aus vollem Herzen loben können. Ein neues Leben wird Ihnen gehören. Legen Sie Ihre schwache Hand in seine, und sagen Sie, wie das auch Thomas getan hat: »Mein Herr und mein Gott!«

Jesus hat Schlüssel in seinen Händen, die uns von Angst, Intoleranz, Tod und Hölle befreien. Er besitzt auch die Schlüssel zum persönlichen Glück, zu Frieden und Vergebung. Er kann diese Türen für Sie aufschließen und Sie werden die größte Freude in Ihrem Leben erfahren, denn er lebt in Ewigkeit.

Wo ist Friede?

Jede Generation hat ihre bestimmten Merkmale. Einige sind neu, viele wiederholen sich. Doch unsere Generation besitzt etwas, das einmalig und schrecklich zugleich ist: Durch die Entwicklung der nuklearen und biochemischen Massenvernichtungswaffen leben Sie und ich in der ersten Generation der Menschheitsgeschichte, die die furchtbare Macht hat, alles menschliche Leben auf diesem Planeten zu vernichten.

Bei einem solchen Holocaust handelt es sich nicht um ein »natürliches« Unglück, sondern der Mensch selbst ist schuld daran. Er hat die Waffen hergestellt, um den Mitmenschen zu vernichten. Das Geld, das für Rüstung verwendet wird, könnte viel besser zur Linderung von Hunger, Armut und Krankheit eingesetzt werden. So sind Millionen von Menschen zu einem frühen Tod verurteilt, weil niemand ihren Hunger stillt und keiner ihre Krankheiten heilt.

Wettrüsten und Friedensfragen sind deshalb nicht nur politische, sondern auch moralische und geistliche Fragen.

Der Mensch des Menschen Feind

Die Bibel spricht auf verschiedene Weise vom Frieden mit Gott. Wer zum Glauben an Jesus findet, ist »gerecht geworden« durch den Glauben und hat »Frieden mit Gott« (Römer 5,1). Nur Jesus kann unser Herz verändern, ohne ihn haben wir keine Versöhnung.

Woher kommt der Krieg? Wie begann er? Der erste Krieg fand zwischen Kain und Abel statt. Kain tötete seinen Bruder, weil er ihn beneidete. So antwortet die Bibel auf die Frage: »Woher kommen denn die Kämpfe und Streitigkeiten zwischen euch? Sie entspringen den Leidenschaften, die ständig in eurem Innern toben« (Jakobus 4,1). Darum können die Probleme in unserer Welt nicht allein durch menschliche Lösungen bewältigt werden. Das tiefste Problem ist die geistliche Not des Menschen. Er braucht Vergebung seiner Sünden.

Der Frieden kommt vom Kreuz

Die Bibel spricht aber auch vom Frieden, der von Gott kommt. Diesen Frieden kann nur Gott schenken. Jesus versprach: »Den Frieden lasse ich euch, meinen Frieden gebe ich euch. Nicht gebe ich euch, wie die Welt gibt. Euer Herz erschrecke nicht und fürchte sich nicht« (Johannes 14,27). Das bedeutet, daß wir auch dann inneren Frieden haben können, wenn Kriege, Revolutionen und Unglück auf uns zukommen.

Und die Bibel spricht vom Frieden unter den Menschen. Als Adam und Eva gegen Gott sündigten, zerbrach nicht nur ihre persönliche Beziehung zu Gott, sondern auch zueinander. Adam klagte Eva an: »Du bist schuld daran.« Eva wiederum machte ihm Vorwürfe. Sie mußten das Paradies verlassen und ihre Schuld mitnehmen. Seit dieser Zeit sind die Folgen ihres Ungehorsams überall zu erkennen: Der Ehemann stellt sich gegen die Ehefrau, der Bruder gegen den Bruder, der Nachbar gegen die Nachbarn, die Völker gegeneinander.

Doch Christus ist gekommen, unser kaputtes Verhältnis zu Gott zu heilen und zu versöhnen. Nur er kann uns Frieden mit Gott schenken und die Fähigkeit, einander zu vergeben. Das Zeichen des Kreuzes macht das deutlich: Die vertikale Linie zeigt die Verbindung des Menschen zu Gott. Sie ist unauflöslich verbunden mit der horizontalen Linie, der Beziehung des Menschen zum Mitmenschen. Auch dafür ist Jesus ein Beispiel: Er vergab Sünden, machte Hungrige satt und heilte Kranke. Genauso müssen wir versuchen zu helfen, wo uns Leid begegnet.

Der praktische Einsatz genügt nicht

Wir wissen nicht, wieviele Kriege es noch geben wird bis das Jüngste Gericht anbricht, von dem die Bibel redet. Wichtig ist, daß wir auf Christus schauen. Er nahm den Zorn Gottes über unseren Unglauben, unsere Habgier, Lüge, Mord, Unmoral, Diebstahl und Ungerechtigkeit auf sich. Er trug nicht nur unsere Sünden, er wurde zur Sünde für uns. Nur weil er das tat und Gott ihn von den Toten auferweckte, können wir dem Morgen begegnen.

Wer das erlebt hat, muß sich einfach da einsetzen, wo Not ist. Doch die Frage, wie oder wann ein Mensch stirbt, ist nicht so entscheidend wie die Frage, wo er die Ewigkeit verbringen wird. Selbst wenn wir alle Hungrigen satt machen, uns um alle Armen kümmern und alle Kranken pflegen würden, ihnen aber nicht zugleich auch den Weg der Erlösung erklärten, hätten wir ihre tiefsten Bedürfnisse nicht gestillt.

Auf dieser Erde wird es niemals einen vollkommenen Frieden geben, bevor Jesus zurückkommen und als König aller Könige und Herr aller Herren regieren wird, sagt die Bibel. Trotzdem dürfen wir die Hände nicht in den Schoß legen. Gott hat uns aufgerufen, Friedensstifter in dieser zerbrochenen Welt zu sein. So fordert er uns zuerst auf zum Gebet: Der Apostel Paulus sagte: »Das erste und wichtigste, wozu ich die Gemeinde aufrufe, ist das Gebet. Bringt eure Bitten und Fürbitten und euren Dank vor Gott! Betet für alle Menschen, für die Regierenden und für alle, die Gewalt haben, damit wir in Ruhe und Frieden leben können, in Ehrfurcht vor Gott und in Rechtschaffenheit« (1. Timotheus 2,1-2).

Die Hoffnung für eine zerbrochene Welt

Wir sollen aber auch selbst Beispiele des Friedens sein. Paulus betont:

»Ist's möglich, soviel an euch liegt, so habt mit allen Menschen Frieden.« (Römer 12,18).

Gott hat uns jedoch auch die Verantwortung für die Welt übergeben. Es ist unsere Pflicht, die Völker und ihre Regierungen vor den Gefahren zu warnen, die auf uns zukommen. Wir müssen sie auffordern, alle Energie darauf zu verwenden, Wege zu suchen, die dem Frieden dienen. Vor allem aber sollten wir das Evangelium von Jesus Christus verkünden. Das ist das große Vorrecht, das Gott seiner Gemeinde übergeben hat.

Einmal wird es keine Kriege mehr geben, keinen Haß, keine Ungerechtigkeit, keine Habgier und keinen Schmerz. Einmal wird Jesus wiederkommen, in Triumph und Herrlichkeit. Dann ist die Macht Satans gebrochen. Einmal werden sich die Worte der Offenbarung erfüllen: »Siehe da, die Hütte Gottes bei den Menschen. Und er wird bei ihnen wohnen, und sie werden sein Volk sein, und er selbst, Gott mit ihnen, wird ihr Gott sein; und Gott wird abwischen alle Tränen von ihren Augen, und der Tod wird nicht mehr sein, noch Leid noch Geschrei, noch Schmerz wird mehr sein; denn das Erste ist vergangen« (Offenbarung 21,3-4).

Das ist unsere Hoffnung. Davon sollen wir reden: Von Jesus, der kam, um Frieden in eine zerbrochene Welt zu bringen.

Frei von Schuld

Keine persönliche Verantwortung

Eine Charaktereigenschaft der Sünde ist die, sie anderen in die Schuhe zu schieben. Wenn man uns zur Rede stellt, zucken wir mit den Achseln und sagen: »Irgendetwas Böses in mir hat mich dazu veranlaßt.«

Auf Präsident Trumans Schreibtisch stand folgender Spruch: »Hier ist Schluß mit dem Abschieben der Verantwortung.« Aber die meisten von uns übernehmen nicht gerne Verantwortung. Wir überlassen sie lieber anderen.

Aaron, im Alten Testament, verhielt sich genauso. Als Mose vom Berg herabstieg, kam Aaron ihm entgegen. Aaron hatte in der Abwesenheit von Mose das goldene Kalb gemacht, und das Volk war dabei, es mit Tänzen und Sex-Orgien anzubeten. Mose geriet in Zorn und zerbrach die Gesetzestafeln. Aber Aaron war nicht bereit, für seine Tat einzustehen. Aufgebracht sagte er zu Mose: »Mach' mich nicht dafür verantwortlich. Was habe ich denn schon getan, doch nur das Gold in das Feuer gelegt. Dabei entstand das Kalb.« Mose müßte eigentlich darüber gelacht haben.

Im Gebetsbuch der Kirche von England kann man folgende Worte lesen: »Ich habe gesündigt durch mein fehlerhaftes Verhalten, durch meine eigene Schuld, durch mein ganz persönliches Versagen.« Wir müssen die Verantwortung für unsere Schuld tragen. Das verlangt Gott. Bevor uns das ewige Leben geschenkt wird, müssen wir zuerst bekennen: »Herr, sei mir Sünder gnädig.«

Damals wie heute gibt es immer wieder Menschen, die keine Verantwortung übernehmen wollen. Sie klagen die Gesellschaft an. Sie machen die Umwelt verantwortlich, die Erziehung, die Umstände. Aber Adam sündigte in einer vollkommenen Umwelt unter idealen Umständen. Wir können nicht alles auf andere schieben. Die Gesellschaft setzt sich aus vielen Einzelnen zusammen. Herrscht bei uns soziale Ungerechtigkeit, so sind wir es, die etwas falsch machen; wir sind mit schuld daran. Lassen Sie uns doch unsere Verantwortung erkennen und etwas unternehmen!

Vor die Wahl gestellt

In dem Musical »Jesus Christ Superstar« sagt Judas: »Warum beschuldigst du mich? Gott hat mich das tun lassen.« Einige ehemalige Drogensüchtige sangen vor dem Weißen Haus. Als sie ihr Stück beendet hatten, hielt ihr Dirigent eine kurze Rede und sagte: »Sie haben keine Schuld.«

Viktor Frankl beschreibt in einem seiner Bücher, wie zwei Brüder mit denselben Erbanlagen, in derselben Umgebung in einem Konzentrationslager der Nazis reagierten. Der eine wurde ein Heiliger, der andere zu einem wahren Teufel. Frankl erklärt auch warum. Er sagt: »Jeder Mensch kann entscheiden, wie er in jeder Situation, in die er gerät, reagieren will.« Gott hat uns die Wahl gegeben. Wir können nicht unsere Eltern für unsere Probleme verantwortlich machen.

Ich kenne junge Menschen, die Jesus Christus als ihren Herrn angenommen haben, obwohl ihre Eltern das nicht taten. Sie haben die Wahl getroffen. Die Bibel sagt, daß wir Sünder sind. Gott verlangt unsere persönliche Verantwortung. Er verlangt persönliche Buße. Wir müssen unsere Schuld bereuen.

Was ist das, »bereuen«? Johannes der Täufer hat über die Reue gepredigt. Jesus hat darüber gepredigt. Die Apostel haben sie gepredigt. Über siebzigmal wird im Neuen Testament berichtet, daß sie Buße predigten. Petrus forderte immer wieder auf: »Kehrt jetzt um und macht einen neuen Anfang! Laßt euch alle auf den Namen Jesu Christi taufen!« (Apostelgeschichte 2,38). Paulus predigte: »Jetzt fordert er (Gott) alle Menschen überall auf, umzukehren und einen neuen Anfang zu machen. Denn er hat einen Tag festgesetzt, an dem er die ganze Menschheit gerecht richten will ...« (Apostelgeschichte 17,30+31).

Falsch eingeschätzt!

Ich möchte Sie fragen: »Haben Sie Buße getan? Hat es jemals eine Zeit in Ihrem Leben gegeben, in der Sie Reue empfanden darüber, was Sie getan haben? Haben Sie die Verantwortung für Ihre Schuld auf sich genommen?«

Jesus sagt: »Wenn ihr nicht Buße tut, werdet ihr alle umkommen« (Lukas 13,3).

Buße meint drei Dinge. Da ist zunächst der Verstand. Buße heißt, daß Ihr Verstand feststellt: »Ich habe Unrecht. Ich habe eine falsche Vorstellung von der Person Gottes und von der Person Jesu. Und ich schätze meine eigene Schuld falsch ein.« Dann berührt die Buße das Gefühl. Paulus sagt: »Jetzt bin ich doch froh, weil ihr in dieser Trauer eure Einstellung, eure Gesinnung geändert habt« (vgl. 2. Korinther 7,9). Zur Buße gehört wirkliche Trauer, Schmerz. Das Wort bedeutet klagen, ja seufzen, jammern. Sie müssen kein großes gefühlsmäßiges Erlebnis haben, aber ich glaube, daß Sie schon einige Tränen der Reue nötig haben. Unsere Sünden sollen uns leid tun, damit wir sagen können: »O Gott, ich habe gegen dich gesündigt, und ich bin darüber traurig.«

Ich bin kein besonders gefühlsbetonter Mensch. Ich weiß nicht warum, aber ich weine nicht sehr schnell. Bei den wenigen Malen, die ich in meinem Leben geweint habe, geschah es oft deshalb, weil mir Sünden leid taten, die ich vor vielen Jahren begangen hatte. An dem Abend, an dem ich Christus als meinen Herrn annahm, weinte ich nicht. Aber später zu Hause, als ich aus meinem Fenster zum Himmel über North Carolina aufblickte, kamen mir die Tränen. Ich dachte an meine Schuld und sagte: »O Gott, vergib mir.« Und Friede kam in mein Herz. Von diesem Augenblick an weiß ich, daß mir meine Sünden vergeben sind. Das war es, was Christus am Kreuz tat. Er starb, damit Gott mir meine Sünden vergeben konnte.

Geschenk für jeden

Gott sagte zu Adam: »An dem Tag, an dem du die verbotene Frucht essen wirst, wirst du des Todes sterben« (vgl. 1. Mose 2,17). Als Sohn Adams war auch ich unter dem Todesurteil, aber Jesus Christus trat an meine Stelle und sagte: »Ich werde für ihn in das Gericht gehen, und ich werde den Tod für ihn erleiden.« Gott akzeptierte Jesus als meinen Stellvertreter. Ich werde nicht darum in den Himmel kommen, weil ich zu riesigen Menschenmengen gepredigt habe, sondern weil Jesus mich erlöst hat. Sie können denselben Weg gehen. Wir sind nur aus Gnade errettet. Wir können sie uns nicht verdienen. Gott sagt: »Ich schenke euch meine Gnade, aber ihr müßt sie annehmen!«

Als der Zöllner Buße tat, schlug er an seine Brust (Lukas 18,13), und Jesus rechnete ihm das an. Dem Zöllner tat seine Schuld leid. Tun Ihnen Ihre Sünden auch leid? Buße berührt neben Verstand und Gefühl auch den Willen. Das bedeutet, daß wir uns entschließen wollen, unsere Lebensweise zu ändern. Es ist nicht leicht zu sagen: »Ich werde mein Leben von heute an völlig ändern. Ich weiß, ich habe einiges falsch gemacht, und es gibt vieles, was es eigentlich nicht geben sollte; aber ich werde mich ändern.« Das heißt Buße.

Lauffeuer im Himmel

Was geschieht, wenn wir Buße tun? Jesus erklärte: »So, sage ich euch, wird Freude sein vor den Engeln Gottes über einen Sünder, der Buße tut« (Lukas 15,10). Wichtiger als alle Schlagzeilen der Welt ist im Himmel die Tatsache, daß wieder ein Sünder Buße tut. Diese Nachricht wird sich im Himmel wie ein Lauffeuer verbreiten.

Gebannt verfolgen wir in den Zeitungen, wenn jemand spurlos verschwindet oder gekidnappt wird. Wir regen uns darüber auf. Die Geschichte wird in allen Zeitungen veröffentlicht, und im Fernsehen wird stündlich darüber berichtet. Aber was ist mit den Männern und Frauen, die in Ewigkeit, für immer verloren sind? Ein Mann sprach mich kürzlich nach einer unserer Veranstaltungen an: »Ich bin unsicher geworden.« Ich antwortete: »Das sollen Sie auch.« Das geschieht durch den Heiligen Geist, wenn das Evangelium gepredigt wird. Der Heilige Geist stört uns, er macht uns unsicher. Er läßt uns unser Elend fühlen und beunruhigt uns. Am Kreuz bietet uns der Geist Gottes eine Befreiung an, die nicht von uns genommen werden kann. Er schenkt uns Vergebung. Und wenn Vergebung angeboten wird, muß sie angenommen werden. Jesus Christus hat unser Lösegeld bezahlt; er hat uns frei gemacht. Aber wir müssen das akzeptieren. Er bietet uns völlige Vergebung an für alles, was wir getan haben.

Nicht Vermutung – Sicherheit!

Außerdem sagt die Bibel, daß der Heilige Geist in unsere Herzen kommt und darin lebt, wenn wir Buße tun. Wir müssen unser Leben als Christen nicht allein leben. In Wirklichkeit könnte das auch keiner von uns. Wir können dem Druck nicht standhalten. Wir können den Versuchungen nicht widerstehen. Aber in dem Augenblick, in dem wir Christus annehmen, zieht der Geist Gottes bei uns ein. »Der Geist, der in euch wirkt, ist mächtiger als der Geist, der diese Welt regiert« (1. Johannes 4,4). Sie werden einen Konflikt durchmachen. Ihre neue Natur wird gegen Ihre alte Natur kämpfen; aber wenn Sie sich der neuen Natur völlig ausliefern, kann die Sünde Sie nicht länger beherrschen. Sie werden spüren, daß Ihnen eine neue Kraft geschenkt wird, wenn Sie Christus zu Ihrem Erlöser und Herrn machen.

Der Glaube an Jesus Christus reicht über unsere fünf Sinne hinaus. Wir können ihn nicht berühren, nicht hören, nicht schmecken, nicht riechen oder fühlen; aber wenn wir Jesus in einem Schritt einfachen Glaubens annehmen, wissen wir, was Glaube ist. Manche Leute meinen, das bedeute intellektuellen Selbstmord, aber in Wirklichkeit »glauben« wir jeden Tag viele Dinge – daß das Flugzeug sicher landet, daß die Leiter hält, auf der wir stehen, daß der Strom da ist, wenn wir den Schalter betätigen. Wer Jesus Christus begegnet, wird verändert. Er empfängt Freude, Frieden und die Gewißheit, in den Himmel zu kommen. Das ist ein Glaube, auf den man bauen kann.

Ein Füllfederhalter gegen die Macht

346 Menschen waren bei einem Flugzeugabsturz getötet worden. Es hieß, eine Frachttür sei nicht richtig verschlossen gewesen. Die Tür war nicht groß, aber sie war schuld daran, daß ein mächtiges Flugzeug, ein Jetclipper, abstürzte. Nur eine Winzigkeit – etwa ein Riegel – hätte das Unglück verhindern können.

Wenn Aaron Burr nur eine Wählerstimme mehr gehabt hätte, wäre er der Präsident der Vereinigten Staaten geworden. Eine einzige Zeugenaussage bewahrte Andrew Johnson davor, angeklagt zu werden. Jeanne d' Arc, die Johanna von Orléans, war nur ein Mensch und noch dazu eine Frau, aber sie rettete ganz Frankreich. Die gesamte Stadt Florenz wurde durch die Predigten eines römisch-katholischen Priesters mit dem Namen Savonarola verändert. Martin Luther war nur ein einzelner Mensch, aber er nagelte einige Thesen an die Kirchentür von Wittenberg. Dadurch veränderte er den Kurs der gesamten europäischen Geschichte.

Alexander Solschenizyn erhob nur eine Hand mit einem Füllfederhalter gegen das ganze sowjetische Reich. Man wußte nicht, was man mit ihm machen sollte. Er hatte kein Gewehr in die Hand genommen, er stand da nur mit seinem Mut. Alle Welt bewunderte ihn, obwohl sie vielleicht nicht allem zustimmen konnte, was er sagte.

Ein Glied in der Kette

Und nun möchte ich Sie fragen: Sind Sie ein Kind Gottes? Haben Sie Jesus in Ihr Herz, in Ihr Leben aufgenommen? Ein einzelner junger Mann könnte heute Amerika, Kanada, England, Australien oder Neuseeland, eine ganze Nation total verändern, wenn er sich ganz für Jesus einsetzen würde. Da ist vielleicht eine junge Frau, die Gott jetzt in mächtiger Weise gebrauchen könnte. Sie könnte ihm dabei helfen, das große geistliche Vakuum in unserer westlichen Kultur zu füllen. Nur einer – eine –, ein einzelner Mensch ist notwendig …

Eine Kette ist immer nur so stark wie ihr schwächstes Glied. Jedes Glied wird gebraucht. Sie sind ein Glied in der Kette Gottes. Sie gehören zu seinem Plan, damit das Evangelium in der ganzen Welt verkündet werden kann. Sind Sie bereit? Alles, was Sie dazu brauchen, ist Gott. Wenn Sie sich ihm ganz ausgeliefert haben, ihm wirklich zur Verfügung stehen wollen, dann können Sie sagen: »Herr, hier ist meine Hand mit allem, was ich habe.« Gott hat einen Platz für Sie. Er kann Sie gebrauchen. Erinnern Sie sich an den Bericht über Gideon im Alten Testament? Gott sagte eines Tages zu ihm: »Gideon, ich möchte, daß du mein Volk führst. Du sollst Richter und Befehlshaber sein. Wenn du zu mir gehören willst, werde ich mit dir sein und die Feinde Israels vernichten.«

Gideon antwortete: »Ich bin nicht dafür ausgebildet. Ich kann so ein Amt nicht übernehmen. Ich bin noch nicht einmal Soldat, ich bin Bauer. Wie kann ich hinausgehen und das alles tun?« Aber in einer Nacht erkannte er, daß er Gott gehorchen mußte. Daraufhin sammelte er ein Heer von 22 000 bewaffneten Männern. Aber der Herr befahl ihm, diese Menge zu verringern. Schließlich hatte Gideon nur noch 300 Mann. Und Gott sagte: »So, das ist deine Armee«. »Was?« fragte Gideon aufgeregt, »ich soll mit einer Handvoll Bauern gegen Tausende von Midianitern kämpfen?« Aber Gott antwortete, Gideon solle keine Waffen nehmen, nur Trompeten und Krüge, in denen Fackeln steckten. So schlichen sich eines Nachts die dreihundert Krieger in das Lager der Midianiter. Auf ein Signal hin bliesen sie die Trompeten und zündeten die Fackeln an. Dadurch wurde der Feind verwirrt. Es entstand Panik und Unordnung:

Gideon gewann mit seinen Leuten einen gewaltigen Sieg (vgl. Richter, Kap. 6+7).

Ein einsamer Auftrag

Oder denken Sie an Noah. Er brauchte Jahre dazu, um die Arche zu bauen. Und soweit uns bekannt ist, glaubte ihm nicht ein einziger Mensch. Gott hatte ihm aufgetragen, mitten in der Wüste ein Schiff zu bauen.

Noah wußte, die Leute würden ihn für verrückt erklären, aber er gehorchte Gott. Er ging an die Arbeit. Und in all den Jahren, in denen er baute, predigte er Buße:

»Das Gericht wird kommen! Wende dich zu Gott, solange es noch Zeit ist!«

Am Tag, bevor die Flut begann, stand er im Eingang seines Schiffs und forderte die Menschen auf: »Kommt herein und ihr seid gerettet. Es wird zu regnen anfangen.« Doch niemand folgte seiner Aufforderung. Plötzlich ballten sich Wolken zusammen, und Blitze zuckten. Noah und seine Familie gingen in die Arche, und Gott verschloß die Tür. Aber für die anderen war es zu spät.

Schauen Sie auf Abraham. Gott sagte zu ihm: »Ich möchte, daß du mit allem, was du besitzest, und mit deiner Familie in ein Land ziehst, das Kanaan heißt« (vgl. 1. Mose 12). Abraham hatte noch nie etwas von Kanaan gehört. Er wohnte in Haran. Aber weil er Gott vertraute, so berichtet die Bibel, zog er in das unbekannte Land. Er machte sich nur deshalb auf den Weg, weil Gott es ihm aufgetragen hatte. Und Gott benutzte ihn, um eine große, machtvolle Nation zu gründen.

Ich frage mich, wie wohl Josef zumute war, als er von seinen Brüdern als Sklave nach Ägypten verkauft worden war. Ein Sklavendasein in Ägypten war sicherlich nicht der Weg, den er sich für sein Leben vorgestellt hatte. Aber Gott wußte, daß Josef eines Tages der Premierminister von Ägypten sein und für Israel in der Zeit der Hungersnot sorgen würde. Gott hatte das längst vorausgeplant.

Mose war 80 Jahre alt. Er lebte in der Wüste, als Gott eines Tages zu ihm kam. Er sagte: »Ich bin der Herr, dein Gott. Ich möchte, daß du mein Volk Israel hinausführst aus Ägypten. Sie waren dort lange genug Sklaven« (vgl. 2. Mose 3).

Mose machte sich auf den Weg. Nach verschiedenen Schwierigkeiten war es ihm möglich, die Israeliten aus der Sklaverei zu führen. Er wurde die bedeutendste Gestalt des Alten Testamentes und eine der größten der Weltgeschichte.

In allen angeführten Beispielen geht es um den Auftrag Gottes an einen Menschen. Immer war es ein Mensch, der an Gott glaubte, der ihm vertraute, der die Verantwortung übernahm, die Gott auf seine Schultern gelegt hatte.

Ein Tod am Kreuz

Und wie sieht das bei Ihnen aus? Sind Sie bereit? Haben Sie verstanden, daß ein Mensch große Dinge tun kann, wenn er sich Jesus ganz ausgeliefert hat?

Am selben Tag, an dem Menschen das Kreuz von der Kathedrale »Notre Dame« herunterrissen, begann

William Carey mit einer missionarischen Bewegung. Ein einzelner Mensch ging mit dem Evangelium Jesu Christi nach Indien. Obwohl Indien heute im Grunde genommen für Missionare verschlossen ist, gibt es dort inzwischen viele Christen.

Jesus starb nicht nur für alle, er starb für jeden einzelnen. Bitte machen Sie sich das noch einmal klar. Er starb für jeden einzelnen von Ihnen, so als wären Sie der einzige Mensch, für den er gestorben ist.

Ich glaube, daß Jesus am Kreuz 2 000 Jahre vorausgeschaut hat und Sie und mich beim Namen rief. Er starb für Sie und für mich. Das bedeutet, daß er uns kennt. Er will uns dazu fähig machen, ein ganz neues Leben zu leben. Es ist ein Leben, von dessen Existenz wir vorher nichts wußten. Die einzige Bedingung: Wir müssen bereit sein, den Preis dafür zu zahlen. Was ist das für ein Preis? Es ist unsere totale Übergabe an Jesus. Wir übergeben ihm unser Leben.

Wirklich, ich wachse!

Wenn wir Christus als unseren Herrn annehmen, heißt das nicht, daß wir plötzlich perfekt werden. Viele junge Christen machen diesen Fehler. Sie meinen, von dem Augenblick, an dem sie an Jesus Christus glauben, müßten sie perfekt sein. Das läßt sie anderen gegenüber oft zu kritisch sein, denn wenn sie umherschauen, sehen sie keine Perfektion. Einmal werden wir »perfekt« sein. Aber bis dahin werden wir keinen perfekten Christen auf der Welt finden.

Wenn wir Christus kennenlernen, fangen wir an, die Bibel zu lesen. Wir beginnen zu beten und suchen Gemeinschaft mit anderen Christen. Ganz allmählich wachsen wir dabei. Oft stellen wir fest, daß es mit unserem Wachstum nur langsam vorwärts geht. Und wir werden ärgerlich über uns und entmutigt! In den ersten zwei oder drei Jahren, nachdem ich zum Glauben gekommen war, hatte ich einige schreckliche Momente der Mutlosigkeit. Man sagt, daß sich der Teufel darüber freut. In dem Augenblick, in dem wir mutlos werden, ruft er: »Ich habe ihn!«

Wenn Sie nicht gleich das alles sein können, was Sie sich vorstellen, seien Sie nicht verzagt. Zwei, drei oder fünf Jahre später können Sie auf diesen Augenblick zurückblicken und sagen: »Wirklich, ich wachse!«

Der Prozeß vollzieht sich ganz allmählich, genau wie das körperliche Wachstum.

Als ich auf der Bibelschule in Florida war, hatte ich einen kleinen geheimen Platz, von dem niemand etwas wußte. Dort verbrachte ich oft zwei, drei oder vier Stunden allein. Dabei habe ich Problem für Problem mit dem Herrn durchgearbeitet. Ich sagte z. B.: »Herr, ich weiß, daß ich nicht gerettet worden bin, damit ich die Beherrschung verliere und diesen Typ anschnauze.« Und der Herr antwortete: »Du mußt mit dem Mann reden.« So mußte ich manchmal wieder von vorn anfangen. Manchmal war das Wachstum schnell, manchmal langsam, aber es vollzog sich immer in der Gnade und dem Wissen Christi.

Was tut Gott gerade jetzt in Ihrem Leben? Vielleicht sollen Sie lernen zu lieben, wie Christus geliebt hat. Oder den Frieden empfangen, den er besaß, oder

Freude, die Jesus selbst erfuhr?! Gott interessiert sich für Sie persönlich. Erinnern Sie sich an die Geschichte vom verlorenen Schaf? Vielleicht sind Sie derjenige, für den dieser Beitrag geschrieben wurde. Vielleicht sind Sie das verlorene Schaf! Warum wollen Sie nicht noch heute Ihre Sünden bereuen und Gott sagen, daß Sie bereit sind, Ihr Leben zu ändern? Nehmen Sie Christus im Glauben als Herrn und Erretter an!

Nur ein kleiner Stein!

Was stellen Sie sich unter einem Giganten vor? Denken Sie an ein gewaltiges Gebirge, ein riesiges Tier? Sprechen Sie von Giganten der Technik, der Wirtschaft?

Einer für alle

Das Alte Testament berichtet vom Kampf mit einem ganz anderen Giganten: Der kleine Hirtenjunge David kämpft mit dem mächtigen Goliath (vgl. 1. Samuel 17). Warum? Die israelische Armee stand dem Heer der Philister gegenüber. Die Philister waren Feinde Israels. Sie glaubten nicht an Gott und wollten Israel vernichten. Zu jener Zeit wurden kriegerische Auseinandersetzungen manchmal auf ungewöhnliche Weise gelöst. Jede Armee wählte ihren besten Mann, und die beiden trugen den Kampf stellvertretend für alle aus. Der Sieger hatte zugleich die Schlacht für sein Volk gewonnen.

Goliath vertrat die Philister. Er war zwei Meter groß und trug eine schwere Rüstung. Sein Speer war so dick wie ein Baumstamm. Er war bereit, sich mit dem stärksten Mann der israelischen Armee zu messen.

Wer brüllt, ist stark?

Inzwischen hütete David die Schafe seines Vaters. Seine älteren Brüder waren auf dem Schlachtfeld. Da gab der Vater David den Auftrag, zehn Brote und frischen Käse einzupacken und sie den Brüdern zu bringen, damit sie etwas zu essen hätten.

Als David auf dem Kampfplatz erschien, hörte er gerade, wie Goliath die israelische Armee herausforderte. Erstaunt fragte er: »Was ist das für ein Mann, der das Heer des lebendigen Gottes verhöhnt?«

Wem gehört Ihr Herz?

Auch wir stehen heute Riesen gegenüber. Da sind Umweltprobleme, Kämpfe zwischen Menschen in vielen Teilen der Welt. Da ist der Riese der sozialen Ungerechtigkeit, der Gigant der Unmoral, die Kriminalität, der Drogenmißbrauch und vieles andere mehr. Sie verbreiten Schrecken und Entsetzen.

Doch auch in unserem persönlichen Leben haben wir es mit Giganten zu tun. Vielleicht müssen wir unter Leistungsdruck am Arbeitsplatz leiden, dem Zerbruch der Familie, unter Einflüssen von Ideologien und Philosophien, die unser Leben in Besitz nehmen wollen.

Jesus sagt: »Niemand kann zwei Herren dienen« (Matthäus 6,24). Sie können nicht zur gleichen Zeit Gott lieben und der Erfüllung materialistischer Wünsche nachjagen. Sonst geraten Sie in den Machtbereich des Giganten, dessen Leitmotiv Gier heißt. Doch keiner von uns ist vor Versuchungen geschützt. Die Bibel sagt: »Gott ist treu, der euch nicht versuchen läßt über eure Kraft, sondern macht, daß die Versuchung so ein Ende nimmt, daß ihr's ertragen könnt« (1. Korinther 10,13). Allerdings müssen wir bereit sein, Gott zu gehorchen, zu tun, was er sagt.

Keine Angst vor großen Tieren

Als David an jenem Morgen das elterliche Haus verließ, hätte er sich nicht träumen lassen, was an jenem Tag mit ihm geschah. Nachdem er mit dem Brot und dem Käse auf dem Schlachtfeld angekommen war und die prahlenden Worte des selbstbewußten Philisters gehört hatte, sagte er: »Ich werde gegen ihn kämpfen.« Als man David dem König Saul vorstellte, wiederholte er noch einmal: »Ja, Herr, ich werde es gegen diesen Riesen aufnehmen.« Doch Saul hatte Bedenken. Er wandte ein: »Du bist noch ein Junge. Das kann ich nicht erlauben.« David aber antwortete: »Als ich die Schafe meines Vaters hütete, kam eines Tages ein Löwe und wollte eins der Lämmer rauben. Da packte ich den Löwen bei seiner Mähne und schlug ihn tot. An einem anderen Tag wollte ein Bär in meine Herde einbrechen. Auch ihn brachte ich mit meinen bloßen Händen um. Gott war bei mir und hat mir geholfen.«

Saul wunderte sich über die Antwort und sagte dann: »Wenn du genau weißt, was du tun willst, dann geh! Und der Herr sei mit dir!« (vgl. 1. Samuel 17).

Davids Glaube kam aus tiefer Überzeugung. Er war durch die Einsamkeit geprüft und David war dadurch innerlich sehr gewachsen. Die Kämpfe mit dem Löwen und dem Bären hatten ihm gezeigt, daß Gott handelt, wenn man ihm ganz vertraut. Er wußte: Ich kann nicht, aber Gott kann! So war es ihm ganz egal, als ihn die Soldaten verhöhnten. Auch Sie haben es sicher schon erlebt, daß man Sie verspottet, wenn Sie sich zu Jesus bekennen, in der Bibel lesen und beten.

Ein kleiner Stein gegen ein großes Bollwerk

Als Saul sah, wie ernst es David war, bedrängte er ihn: »Wenn du schon mit dem Goliath kämpfen willst, dann leg zumindest eine Rüstung an.« Doch die Rüstung war dem Jungen zu schwer. Er hatte nie zuvor etwas Derartiges getragen. So konnte er auch kaum damit laufen. Energisch lehnte er ab: »Nein, Majestät, ich muß dort hinausgehen und mich allein auf Gott verlassen.« Daraufhin legte er die Rüstung wieder ab und trat Goliath ganz allein gegenüber, während sich viele Philister und Israeliten bei seinem Anblick den Bauch hielten vor Lachen. Wenn wir selbst auch einmal in einem solchen Kampf stehen, sollten wir uns klarmachen, daß unsere Waffen nicht fleischlicher Natur sind, sondern geistlicher: »Denn wir haben nicht mit Fleisch und Blut zu kämpfen, sondern mit Mächtigen und Gewaltigen, nämlich mit den Herren der Welt, die in dieser Finsternis herrschen, mit den bösen Geistern unter dem Himmel« (Epheser 6,12).

Es gibt den Teufel und es gibt Dämonen. Wir können sie nicht mit menschlichen Argumenten besiegen. Wirksam sind gegen sie nur geistliche Waffen – das Gebet, die Bibel und das Vertrauen, daß Gott für uns kämpfen wird.

Goliath war David an Erfahrung weit überlegen. Er war ein Soldat, im Kampf erprobt. David besaß noch nicht einmal eine Rüstung und war dazu noch weitaus kleiner als sein mächtiger Gegner. Und doch rief er ihm mutig entgegen: »Du kommst zu mir mit Schwert, Lanze und Spieß; ich aber komme zu dir im Namen des Herrn Zebaoth, des Gottes des Heeres Israels, den du verhöhnt hast« (1. Samuel 17,45).

Dann nahm David einen Stein aus seiner Hirtentasche, legte ihn auf seine Schleuder und schoß ihn auf Goliath ab. Der Stein traf genau die einzige ungeschützte Stelle des Riesen, und Goliath fiel um, wie vom Blitz getroffen.

Wir wissen nicht, ob Goliath in diesem Augenblick bereits tot war. Doch David lief schnell zu ihm, zog das große Schwert des Mannes heraus und hieb ihm den Kopf ab. Da brach in der israelischen Armee großer Jubel aus, und die Philister begannen zu fliehen. Ihr Held war tot.

Sie können David sein!

Genauso wird Jesus Ihnen helfen, die Riesen niederzuringen, denen Sie gegenüberstehen, wenn Sie dem

Sohn Gottes Ihr Leben übergeben. Doch dazu gehört auch das Bekenntnis der Schuld. Wenn Sie erkannt haben, daß Sie vor Gott schuldig sind, beten Sie etwa so: »Herr, ich habe gegen dich gesündigt. Aber meine Schuld tut mir leid. Ich möchte mich ganz und gar ändern. Wenn du mir hilfst, Herr, will ich das versuchen. Sei du von nun an Herr über mein Leben.«

Das ist Buße. Buße bedeutet Veränderung, Umkehr. Sind Sie dazu bereit?

Viele Menschen leben zwar, aber sie sind geistlich gesehen tot. Und dieser Tod währt ewig. Wenn Sie Gott nicht in Ihr Leben hineinlassen, bleiben Sie für immer getrennt von Gott. Und diese Gottferne, das ist die Hölle.

Haben Sie jedoch Jesus liebgewonnen und ihn als Heiland und Erlöser angenommen, können Sie ganz fest wissen, daß Ihre Sünden vergeben sind und Sie einmal in der Ewigkeit bei ihm sein werden.

Wenn Sie mit dieser Gewißheit leben, werden Sie geistliche Kraft empfangen, gegen Riesen zu kämpfen, die Sie zerstören wollen. Denken Sie an David, den jungen Schafhirten, der im Vertrauen auf Gott Goliath den Kampf ansagte und gewann. Dieser David können auch Sie sein!

Eine wichtige Verabredung

Jeder muß sterben

Wir leben in einer Generation, in der die Menschen den Tod vergessen möchten. Wir leben in einer Kultur, die den Tod überspielt.

Wir versuchen, mit dem Tod fertig zu werden, indem wir einfach so tun, als existiere er nicht. Wir geben uns Mühe, all das, was mit dem Tod zusammenhängt, zu verharmlosen und zu beschönigen. Wir möchten die Realität des Todes abschwächen. Junge Menschen haben mir erzählt, daß sie es ablehnen, zu einem Begräbnis zu gehen. Sie wollen nicht an den Tod denken. Sie sagen: »Jeder andere wird einmal sterben, nur ich nicht. Andere werden einen Motorradunfall haben, aber ich nicht.« Doch jeder Mensch muß sterben. Von dem Augenblick an, an dem wir geboren werden, beginnen wir zu sterben. Der Tod ist die demokratischste Erfahrung im Leben, denn wir alle haben daran teil.

Ich stand am Eingang der Unfallstation eines Krankenhauses und beobachtete die eintreffenden Rettungswagen. Türen wurden geöffnet. Das Krankenhauspersonal brachte Leute herein, die einen Unfall erlebt hatten oder überfallen worden waren. Und ich dachte: »Wie schnell kommt doch der Tod! Als ob man mit dem Finger schnippt.« Trotzdem machen wir uns das nicht klar. Wir meinen, nur andere Menschen sterben. Wir möchten nicht älter werden, und wir möchten nicht sterben. Unsere Kultur ist nicht fähig, mit dem normalen Prozeß des Alterns und des Sterbens fertig zu werden. Wenn wir aber eine richtige Einstellung zum Tod finden, werden wir auch erfahren, wie man richtig lebt.

Tod – der Feind

Hören wir doch einmal, was die Bibel über den Tod sagt. Sie bezeichnet ihn als den Feind Gottes und des Menschen. Ich meine jetzt nicht Schwachheit, Angst, Leid und Schmerzen. Ich rede vom Tod selbst. Er ist ein Feind. Er nimmt Menschen weg in der Blüte ihres Lebens. Er nimmt sie weg, obwohl sie noch gebraucht werden von ihrer Familie, ihrer Arbeit, ihrem Volk. Er läßt traurige Menschen zurück – die Witwe, den Witwer, die Kinder.

Gott wollte nie den Tod der Menschen. Im Paradies, dem Garten Eden, gab es keinen Tod, keinen Schmerz, keine Tränen, kein Leiden. Man brauchte weder Militär noch Streitkräfte. Der Mensch war vollkommen in einer vollkommenen Umgebung. Aber er hatte einen eigenen Willen, und damit rebellierte er gegen Gott. Dieses Rebellieren nennt man Sünde. Die Bibel sagt, daß durch die Sünde der Tod kam. Der Tod beherrscht die Menschheit. Er stellt ein Urteil für den Menschen dar, weil der

Mensch schuldig geworden ist. Wir alle sind Sünder und stehen damit unter dem Urteil des Todes. Wir altern, wir vergehen. Aber der Tod hat auch etwas Gutes. Er gibt jeder Generation eine Möglichkeit, neu anzufangen. Aber wir lernen auch durch die Bibel, daß dieser Feind – der Tod – einmal für immer vernichtet sein wird. Der Tag wird kommen, an dem Jesus Christus, der König aller Könige und Herr aller Herren, über allem regieren wird. Da wird alles zerstört werden, was sich dem Willen Gottes widersetzen wird, auch der letzte Feind, der Tod!

Für immer besiegt

Aber die Menschen, die sich zu Jesus Christus bekennen, werden teilnehmen an der Auferstehung. Sie werden einen neuen Körper bekommen. Und dieser Körper wird herrlich sein, kraftvoll, geistlich, unsterblich und unvergänglich. Sünde, Alter, Tod werden ihm nichts anhaben können. Unser Körper wird wie der unseres Herrn sein. – Durch die Bibel hören wir auch, daß der Tod schon längst besiegt ist. Das geschah am Kreuz und durch die Auferstehung Jesu. Die endgültige Zerstörung des Todes liegt in der Zukunft. Unser Kampf mit dem Tod dauert noch an, aber der Sieg über den Tod ist schon geschehen. Der Apostel Paulus bezeichnet darum den Tod als ein giftiges Insekt, dessen Stachel zurückgezogen wurde.

Doch wir fürchten den Tod nicht nur, weil wir sterben müssen. Wir wissen durch die Bibel, daß nach dem Tod das Gericht kommt. In vielen Volksstämmen, überall auf der Erde, lebt ein geradezu angeborener Glaube, daß wir auf ein Gericht zugehen. Wir fürchten uns vor diesem Gericht, weil wir ein Schuldbewußtsein haben. Wir wissen, daß wir Gott beleidigt haben. Darum praktiziert jede Kultur irgendeine Form von Sühneopfer. Man möchte die Götter wieder versöhnen. In der Bibel heißt es, daß es keine Vergebung ohne Blutopfer gibt. Darum starb Jesus am Kreuz. Im ersten Johannesbrief wird uns gesagt: »Das Blut Jesu macht uns rein von aller Sünde« (1. Johannes 1,7). Ohne dieses Blut gibt es keine Reinigung.

Jesu Sterben und Auferstehung hat den Sieg über den Tod errungen. Jesus mußte sterben, damit wir leben können. Er entfernte den Stachel des Todes. Die Heilige Schrift sagt darum: »So gibt es nun keine Verdammnis für die, die in Christus Jesus sind« (Römer 8,1).

Eine neue Welt

Wenn ich bei einer Beerdigung predige, sage ich manchmal zu der anwesenden Trauergemeinde: »Ja, weint nur.« Wir dürfen weinen, wenn ein geliebter Mensch gestorben ist, aber wir sollen nicht trauern wie diejenigen, die ohne Hoffnung sind: »Fröhlich sind die Menschen, die in dem Herrn sterben.« Die, die bei Jesus im Himmel sind, sind viel fröhlicher als wir. Sie würden um nichts in der Welt zurückkommen wollen. Ich habe Prediger über Lazarus sagen hören, dem Jesus neues Leben gab: »Er wollte nicht mehr zurückkommen.«

Den Tod eines ungläubigen Menschen beschreibt Samuel Johnson sehr eindrucksvoll: »Ich erlebte ein Gefühl, wie nie zuvor. Ich war verwirrt, zornig und fürchtete mich. Mich packte ein namenloses Entsetzen.« Der Novellist Somerset Maugham formulierte es so: »Sterben ist ein höllisches Erlebnis.«

Aber was geschieht mit dem Gläubigen, dem Menschen, der Gott vertraut? Der Tod bedeutet, frei zu sein vom Bösen. Wir, die wir die Freude der Gerechtigkeit Gottes erfahren haben, sehnen uns danach, ganz rein zu sein. Wir sehnen uns danach, in einer Gesellschaft zu leben, die heilig ist, in der es keine Lügen gibt, keinen Betrug, keinen Haß, kein Verbrechen. Solange wir auf dieser Erde leben, werden wir das nicht erreichen. Man kann keine vollkommene Gesellschaft auf der zerbrochenen Grundlage der menschlichen Natur aufbauen. Wenn ich in Christus sterbe, lehrt die Bibel, gehe ich sofort hinüber in die Gegenwart Christi, hinein in eine neue Welt. Und diese Welt ist frei von Sünde, Schmerz, Sorge, frei von Spannung und Angst. Paulus benutzt das Wort »Wegfahrt«. Dieses Bild vermittelt die Vorstellung, man würde auf einem Schiff fortsegeln – oder einfach – nach Hause gehen. Das alles gehört zum Tod eines Christen.

Gerecht durch Gnade

Der Tod stellt eine Vervollkommnung für die Gläubigen dar, denen Jesus gesagt hat: »Ihr seid heilig.« Der Apostel Paulus nennt das: »Hinfort liegt für mich bereit die Krone der Gerechtigkeit, die mir der Herr, der gerechte Richter, an jenem Tag geben wird« (2. Timotheus 4,8). Dieser Gedanke ist für mich atemberaubend.

Gekrönt mit Gerechtigkeit! Hier auf der Erde haben wir nur davon gekostet. Wenn ich mir vorstelle, daß ich einmal mit Gerechtigkeit gekrönt werde, kann ich das kaum fassen.

Einmal werden wir einen Wissensstand haben wie Christus. In meiner Bücherei gibt es Hunderte von Büchern. Nur wenige von ihnen habe ich gelesen. Ich wollte, ich wüßte, was in ihnen steht, aber ich werde es nicht wissen, bis ich in den Himmel komme. Hier auf Erden ist unser Sehen und Wissen unvollkommen. Ich möchte das mit einem Farbdia vergleichen. Wir halten es ins Licht, bekommen aber nur ein unvollständiges Bild. Wenn wir es aber mit intensiver Beleuchtung auf eine Leinwand projizieren, können wir seine Einzelheiten erkennen. So verhält es sich auch mit unserem Wissen von Gott. Eines Tages werden wir durch das kraftvolle Licht Gottes schauen können. Unser Ich ist noch zu sehr mit Dingen dieser Welt beschäftigt, aber einmal werden wir in Christus vollkommene Liebe haben. Wie wunderbar wird das sein, wenn wir in den Himmel kommen! Ein neuer Himmel und eine neue Erde!

Verabredung mit Gott

Ein Journalist machte einmal fünf Vorschläge zum Thema Tod. Er sagte: »Erstens: Akzeptieren Sie die Tatsache, daß Sie sterben werden. Zweitens: Wenn Sie über fünfzig Jahre alt sind, treffen Sie Vorbereitungen für den Fall Ihres Todes. Drittens: Sorgen Sie vor für diejenigen, die Sie zurücklassen (überprüfen Sie Ihre Versicherungen). Viertens: Machen Sie ein Testament.

Fünftens: Verabreden Sie sich mit Gott. Leider kann ich Ihnen nicht sagen, wie Sie das bewerkstelligen können.«

Dazu möchte ich Ihnen gerne etwas sagen: Bereuen Sie Ihre Sünden und nehmen Sie Jesus Christus als Ihren Herrn und Retter an. Sie können das jetzt tun. Das ist mehr, als sich nur mit Gott zu verabreden. Sie müssen Jesus Christus wirklich kennen. Das ist mehr, als Mitglied einer Kirche zu sein, mehr, als nur ein gutes moralisches Leben zu führen. Es geht um eine persönliche Beziehung zu Jesus Christus. Sie müssen Ihr Kreuz auf sich nehmen und ihm folgen wollen.

Sie müssen bereit sein, sich selbst zu verleugnen und ihn zu Ihrem Herrn, Retter und Lehrer zu machen. Darf ich Sie fragen, um sicher zu sein, daß Sie Jesus Christus in Ihr Herz aufgenommen haben: »Sind Sie bereit, ohne Angst durch das Tal der Todesschatten zu gehen? Wird sein Stecken und Stab Sie trösten? Wissen Sie das genau? Ist Christus bei Ihnen? Wird er mit Ihnen im selben Raum sein, wenn der letzte Augenblick kommt?«